海上絲綢之路基本文獻叢書

游歷日本考查商務日記

〔清〕劉學詢 著

文物出版社

圖書在版編目（CIP）數據

游歷日本考查商務日記 /（清）劉學詢著. -- 北京 : 文物出版社, 2022.7
（海上絲綢之路基本文獻叢書）
ISBN 978-7-5010-7607-9

Ⅰ. ①游… Ⅱ. ①劉… Ⅲ. ①商業史－史料－日本 Ⅳ. ①F733.139

中國版本圖書館 CIP 數據核字 (2022) 第 086702 號

海上絲綢之路基本文獻叢書

游歷日本考查商務日記

著　　者：〔清〕劉學詢
策　　劃：盛世博閱（北京）文化有限責任公司

封面設計：鞏榮彪
責任編輯：劉永海
責任印製：蘇　林

出版發行：文物出版社
社　　址：北京市東城區東直門内北小街 2 號樓
郵　　編：100007
網　　址：http://www.wenwu.com
經　　銷：新華書店
印　　刷：北京旺都印務有限公司
開　　本：787mm×1092mm　1/16
印　　張：10.875
版　　次：2022 年 7 月第 1 版
印　　次：2022 年 7 月第 1 次印刷
書　　號：ISBN 978-7-5010-7607-9
定　　價：90.00 圓

總緒

海上絲綢之路，一般意義上是指從秦漢至鴉片戰争前中國與世界進行政治、經濟、文化交流的海上通道，主要分爲經由黄海、東海的海路最終抵達日本列島及朝鮮半島的東海航綫和以徐聞、合浦、廣州、泉州爲起點通往東南亞及印度洋地區的南海航綫。

在中國古代文獻中，最早、最詳細記載『海上絲綢之路』航綫的是東漢班固的《漢書·地理志》，詳細記載了西漢黄門譯長率領應募者入海『齎黄金雜繒而往』之事，書中所出現的地理記載與東南亞地區相關，并與實際的地理狀況基本相符。

東漢後，中國進入魏晋南北朝長達三百多年的分裂割據時期，絲路上的交往也走向低谷。這一時期的絲路交往，以法顯的西行最爲著名。法顯作爲從陸路西行到印度，再由海路回國的第一人，根據親身經歷所寫的《佛國記》（又稱《法顯傳》）一書，詳細介紹了古代中亞和印度、巴基斯坦、斯里蘭卡等地的歷史及風土人情，是瞭解和研究海陸絲綢之路的珍貴歷史資料。

隨着隋唐的統一，中國經濟重心的南移，中國與西方交通以海路爲主，海上絲綢之路進入大發展時期。廣州成爲唐朝最大的海外貿易中心，朝廷設立市舶司，專門管理海外貿易。唐代著名的地理學家賈耽（七三〇～八〇五年）的《皇華四達記》記載了從廣州通往阿拉伯地區的海上交通『廣州通夷道』，詳述了從廣州港出發，經越南、馬來半島、蘇門答臘半島至印度、錫蘭，直至波斯灣沿岸各國的航綫及沿途地區的方位、名稱、島礁、山川、民俗等。譯經大師義净西行求法，將沿途見聞寫成著作《大唐西域求法高僧傳》，詳細記載了海上絲綢之路的發展變化，是我們瞭解絲綢之路不可多得的第一手資料。

宋代的造船技術和航海技術顯著提高，指南針廣泛應用於航海，中國商船的遠航能力大大提升。北宋徐兢的《宣和奉使高麗圖經》詳細記述了船舶製造、海洋地理和往來航綫，是研究宋代海外交通史、中朝友好關係史、中朝經濟文化交流史的重要文獻。南宋趙汝適《諸蕃志》記載，南海有五十三個國家和地區與南宋通商貿易，形成了通往日本、高麗、東南亞、印度、波斯、阿拉伯等地的『海上絲綢之路』。宋代爲了加强商貿往來，於北宋神宗元豐三年（一〇八〇年）頒佈了中國歷史上第一部海洋貿易管理條例《廣州市舶條法》，并稱爲宋代貿易管理的制度範本。

元朝在經濟上採用重商主義政策，鼓勵海外貿易，中國與歐洲的聯繫與交往非常頻繁，其中馬可•波羅、伊本•白圖泰等歐洲旅行家來到中國，留下了大量的旅行記，記録元代海上絲綢之路的盛况。元代的汪大淵兩次出海，撰寫出《島夷志略》一書，記録了二百多個國名和地名，其中不少首次見於中國著録，涉及的地理範圍東至菲律賓群島，西至非洲。這些都反映了元朝時中西經濟文化交流的豐富内容。

明、清政府先後多次實施海禁政策，海上絲綢之路的貿易逐漸衰落。但是從明永樂三年至明宣德八年的二十八年裏，鄭和率船隊七下西洋，先後到達的國家多達三十多個，在進行經貿交流的同時，也極大地促進了中外文化的交流，這些都詳見於《西洋蕃國志》《星槎勝覽》《瀛涯勝覽》等典籍中。

關於海上絲綢之路的文獻記述，除上述官員、學者、求法或傳教高僧以及旅行者的著作外，自《漢書》之後，歷代正史大都列有《地理志》《四夷傳》《西域傳》《外國傳》《蠻夷傳》《屬國傳》等篇章，加上唐宋以來衆多的典制類文獻、地方史志文獻，集中反映了歷代王朝對於周邊部族、政權以及西方世界的認識，都是關於海上絲綢之路的原始史料性文獻。

海上絲綢之路概念的形成，經歷了一個演變的過程。十九世紀七十年代德國地理學家費迪南・馮・李希霍芬（Ferdinad Von Richthofen，一八三三～一九〇五），在其《中國：親身旅行和研究成果》第三卷中首次把輸出中國絲綢的東西陸路稱爲『絲綢之路』。有『歐洲漢學泰斗』之稱的法國漢學家沙畹（Édouard Chavannes，一八六五～一九一八），在其一九〇三年著作的《西突厥史料》中提出『絲路有海陸兩道』，蘊涵了海上絲綢之路最初提法。迄今發現最早正式提出『海上絲綢之路』一詞的是日本考古學家三杉隆敏，他在一九六七年出版《中國瓷器之旅：探索海上的絲綢之路》中首次使用『海上絲綢之路』一詞；一九七九年三杉隆敏又出版了《海上絲綢之路》一書，其立意和出發點局限在東西方之間的陶瓷貿易與交流史。

二十世紀八十年代以來，在海外交通史研究中，『海上絲綢之路』一詞逐漸成爲中外學術界廣泛接受的概念。根據姚楠等人研究，饒宗頤先生是華人中最早提出『海上絲綢之路』的人，他的《海道之絲路與昆侖舶》正式提出『海上絲路』的稱謂。選堂先生評價海上絲綢之路是外交、貿易和文化交流作用的通道。此後，大陸學者馮蔚然在一九七八年編寫的《航運史話》中，使用『海上絲綢之路』一詞，這是迄今學界查到的中國大陸最早使用『海上絲綢之路』的人，更多地限於航海活動領域的考察。一九八〇年北京大學陳炎教授提出『海上絲綢之路』研究，并於一九八一年發表《略論海上絲綢之路》一文。他對海上絲綢之路的理解超越以往，且帶有濃厚的愛國主義思想。陳炎教授之後，從事研究海上絲綢之路的學者越來越多，尤其沿海港口城市向聯合國申請海上絲綢之路非物質文化遺産活動，將海上絲綢之路研究推向新高潮。另外，國家把建設『絲綢之路經濟帶』和『二十一世紀海上絲綢之路』作爲對外發展方針，將這一學術課題提升爲國家願景的高度，使海上絲綢之路形成超越學術進入政經層面的熱潮。

與海上絲綢之路學的萬千氣象相對應，海上絲綢之路文獻的整理工作仍顯滯後，遠遠跟不上突飛猛進的研究進展。二〇一八年厦門大學、中山大學等單位聯合發起『海上絲綢之路文獻集成』專案，尚在醞釀當中。我們不揣淺陋，深入調查，廣泛搜集，將有關海上絲綢之路的原始史料文獻和研究文獻，分爲風俗物産、雜史筆記、海防海事、典章檔案等六個類别，彙編成《海上絲綢之路歷史文化叢書》，於二〇二〇年影印出版。此輯面市以來，深受各大圖書館及相關研究者好評。爲讓更多的讀者親近古籍文獻，我們遴選出前編中的菁華，彙編成《海上絲綢之路基本文獻叢書》，以單行本影印出版，以饗讀者，以期爲讀者展現出一幅幅中外經濟文化交流的精美畫卷，爲海上絲綢之路的研究提供歷史借鑒，爲『二十一世紀海上絲綢之路』倡議構想的實踐做好歷史的詮釋和注脚，從而達到『以史爲鑒』『古爲今用』的目的。

凡例

一、本編注重史料的珍稀性，從《海上絲綢之路歷史文化叢書》中遴選出菁華，擬出版百册單行本。

二、本編所選之文獻，其編纂的年代下限至一九四九年。

三、本編排序無嚴格定式，所選之文獻篇幅以二百餘頁爲宜，以便讀者閱讀使用。

四、本編所選文獻，每種前皆注明版本、著者。

五、本編文獻皆爲影印，原始文本掃描之後經過修復處理，仍存原式，少數文獻由於原始底本欠佳，略有模糊之處，不影響閱讀使用。

六、本編原始底本非一時一地之出版物，原書裝幀、開本多有不同，本書彙編之後，統一爲十六開右翻本。

目録

游歷日本考查商務日記

游歷日本考查商務日記

二卷

〔清〕劉學詢 著

清光緒二十五年石印本

游歷日本考查商務日記

游歷日本考查商務日記

楊崇伊題

己亥長至香山
劉氏印於海上

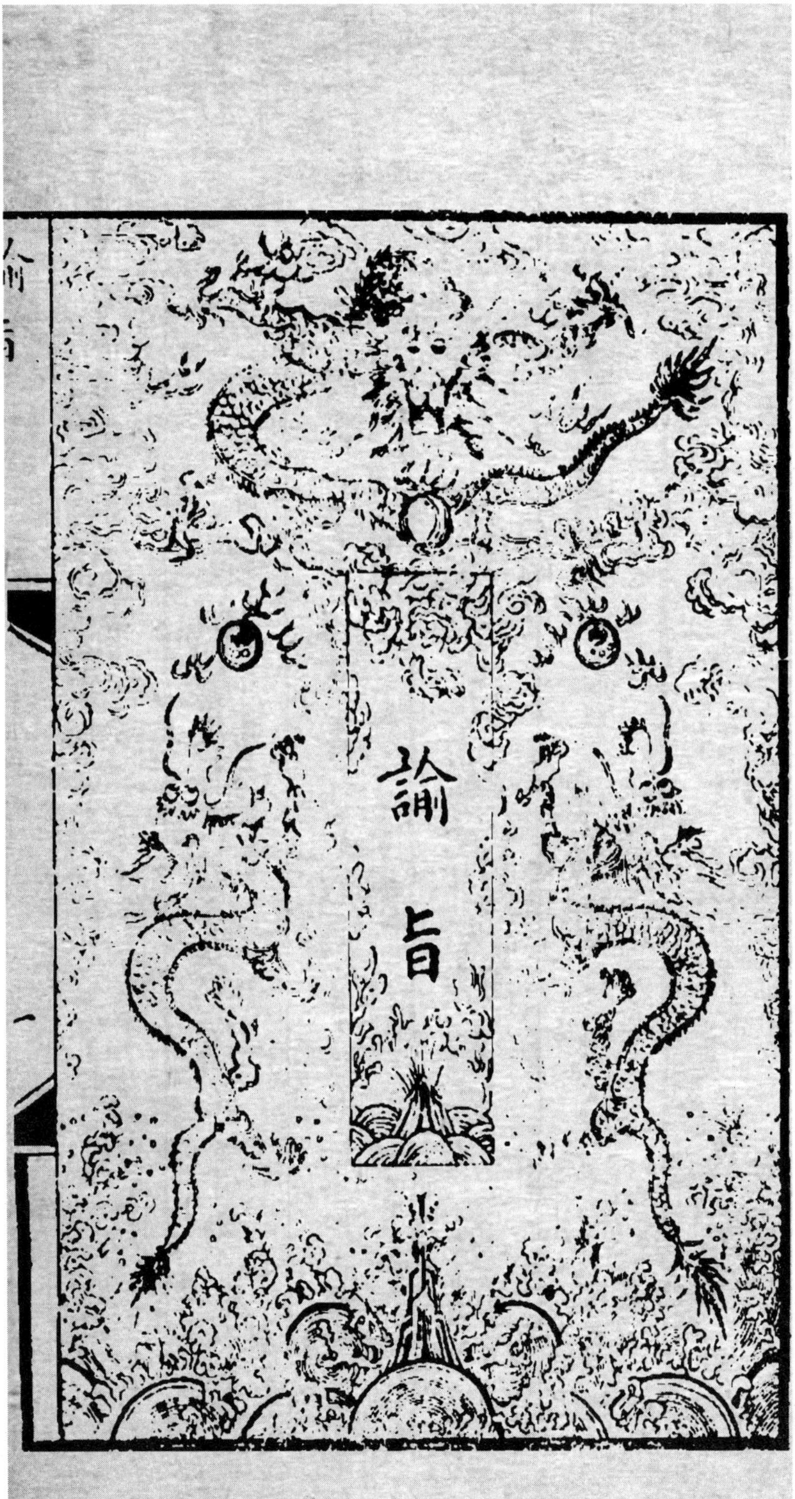
諭
旨

光緒二十五年四月二十三日慶親王面奉
上諭前經降旨令劉學詢慶寬親赴外洋內地考查
商務茲據慶親王奕劻奏稱該員等在上海與日
本總領事酌議中日商務一切辦法尚為詳細商
務實我國富強之基自應極力振興以維大局著
特派二品銜道員劉學詢員外郎銜慶寬會同日

本總領事小田切萬壽之助親赴日本逐細考查
認真聯絡庶幾內外商務日有起色朕實有厚望
焉欽此

光緒二十五年八月十六日奉
旨劉學詢慶寬現由日本差竣回滬著劉坤一傳知
該二員即行回京復命先赴總理各國事務衙門

報到欽此

光緒二十五年九月初八日軍機大臣面奉

諭旨劉學詢著交張之洞差遣委用欽此

光緒二十五年十一月十七日軍機大臣面奉

諭旨劉學詢著交李鴻章差遣委用欽此

自序

人有恆言皆曰知己知彼夫暗於自治終古病焉知己難也然不知彼則又何從而知己彼己之間強弱之積其大至於一興一亡然其差別乃或起於人工物力纖芥之微而在今日尤係於商務今之事勢蓋亦人人能知之而能言之矣學論不必言且亦有所

不忍言及若內而政治外而交涉宏綱鉅節更有非
分所當言者惟獨拳拳於我民商力之絀必不堪與
人國往來而不能盡得其所以然心竊憤之去秋在
都妄有陳說荷蒙
聖明俯採狂瞽而有考查外洋商務之
命學論又思近己而相類者無若日本日本昔之貧

弱猶己也三十年間由貧弱而幾於富強與諸雄方駕其由此適彼若此之易也果操何術而能然者歟今年四月奉

命會同日本上海總領事小田切萬壽之助往考商務以六月一日由上海起程八月二日還抵上海往返六十一日謹將逐日聞見所及彙為日記繕寫正

本呈由總理各國事務衙門代為
奏上而以副草付之石印夫觀於此則彼己合矣今
之日本彼也非己也知彼不難一行人之微數十日
力之所及雖不敢謂盡得其實而固已識其大凡惟
夫用彼之長求己之短則非一人獨知之所能為力
而朝野上下凡有血氣心知者皆與有責焉故曰難

也學詢謹為其易者以待其難者

光緒二十五年歲次己亥仲冬月香山劉學詢自叙

游歷日本記

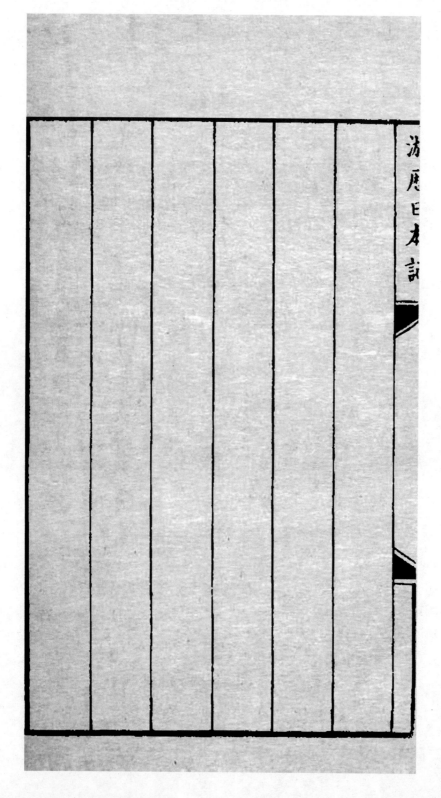

游歷日本考查商務日記上

賜同進士出身　特派專使日本考查商務花翎二品銜即選道臣劉學詢謹記

六月初一日

上午十鐘由上海乘坐日本西京丸郵船東行

是日日本領事署繙譯官船津辰一郎三井物產會社總辦小室三吉英永壽郵船會社總辦

永井久一郎均来船相送吳永壽並言東京三
井總行来電已派大阪分行御幡雅文至長崎
相候午正駛出吳淞江羅針指東南崇明銅沙
申刻見大蕺山針轉正東戌刻越花腦山舵轉
東向兼北一字泛大東洋風浪甚大

初二日

竟日風雨船簸盪至廢眠食

初三日

陰雨上午六鐘抵長崎入港暫泊港勢斜趨東南崎北羣嶼環列時長崎三井分行總辦松尾長太郎已鼓輪來接言御幡雅文因阻風止於馬關遂登岸拜晤中國代理長崎領事官蔡薰

松尾長太郎復導游商品陳列所該所書記官植松通太郎指陳一切謂本所爲農商務省所設規模粗定未集大成然觀其羅列本土製造之宜俾工藝有所師法日新月異各極功能深得古人勸工遺意游畢款留飲饌松尾長太郎仍伴送回船並派青木勝三郎護送至馬關下

午四鐘展輪越長門入裏海

初四日

上午六鐘二刻抵馬關停輪郵船會社總辦甲藤求己三井分行御幡雅文咸来接迓御幡雅文習華語通漢學約同登岸至春帆樓午餐下午五鐘同回原船啟椗出海

初五日

上午七鐘二刻抵神戶郵船會社總辦伊丹二郎三井分行總辦吳大五郎來船相見邀赴西常盤午饍遂往拜中國神戶領事官歐陽述即留在公署晚餐九鐘仍回原船

按神戶舊攝津境吏制後屬兵庫縣與大阪

均為通商要口

初六日

上午十一鐘啟輪東駛出茅渟經良由瀨戶（譯言
海峽）屬畿內道

初七日

船東行經伊豆折而南過熊野岬再東南歷橫

根島神子元島三元大島轉東北浙相模灘觀音崎下午四鐘抵橫濱上海總領事小田切萬壽之助外務省繙譯官小林光太郎郵船會社商董張果駐東京中國使館繙譯官馮國勲駐橫濱中國總領事署繙譯官劉伯愚三井分行總辦中山兵馬村上純登上藤常三郎先後偕

來接談時許登岸拜晤駐横濱兼築地中國總
領事官鄒振清晚七鐘中國官商復送至志波
之鐵道登火輪車行一鐘許至新橋停車距東
京數里易馬車前往抵東京假寓日比谷帝國
大酒店十鐘即往見駐東京中國公使李盛鐸
告以來意十二鐘歸寓

按東京即武藏州之江戶城舊爲將軍府地據闔東形勝德川氏還政參與大久保利通請遷都越明治元年始東遷因幕府爲宮殿焉

初八日

上午八鐘東京三井物產會社督辦益田孝來

見並囑大阪分行御幡雅文相隨以便考查各商務中國公使李盛鐸旋來約赴使館警保局長安樂兼道來未及見

按警保局隸於內務省以書記官為局長主監督警察之職日本官制府縣專理錢糧地丁捐輸出納各事其地方民情瑣事則由警

察署綜理之警察者持棒梭巡計時輪換晝夜不息凡外人入境警察署即來詰取姓名職業通報後隨時為之保護

初九日

上午八鐘亞東同文會員宗方小太郎上海總領事小田切萬壽之助同來並告司法大臣清

浦奎吾約期晤會答以俟見外務大臣後再行定期

初十日

下午上海總領事小田切萬壽之助外務省繙譯官小林光太郎三井分行御幡雅文偕來約同往拜三井會社督辦益田孝幫辦上田安三

郎畢小田切萬壽之助復設讌於新橋酒樓同座即益田孝上田安三郎兩君論中日商務甚詳是日為日本行治外法權始期

按日本維新三十二年至今日始有治外法權非自强曷能臻此所謂治外法權者自此以往日本内地准各國人民雜居有犯法者

歸日本囚禁之先是東歷七月十一號上午大藏省松方內務省西鄉文部省樺山陸軍省桂外務省青木司法省清浦農商務省曾禰海軍省山本各大臣會議於內閣總理大臣山縣侯爵官邸曾議及中國除租界雖尚未准各國商民雜居以現值聯好之際應並

准我國商民一律隨意雜居所享權利一如

歐美各國民人惟下流勞役者則仍不許踰

租界議乃定

十一日

下午偕中國公使李盛鐸往拜外務大臣青木

周藏子爵繙譯為外務省公使館二等書記官

楢原陳政談論時局甚久出復往拜外務省次官參與官各局長書記官秘書官繙譯官

按日本舊有外國事務局管外國交際貿易疆土開拓明治元年（中國同治七年）九月移外國官於東京二年二月置諸開港通商司管貿易事務七月廢外國官置外務省後屢損益定

為今制設外務大臣一員視中國尚書次官一員視中國侍郎參與官秘書官書記官奏任凡九等判任凡五等復有政務通商取調繙譯記錄會計各局凡定條約遣信使通市舶之事大臣率其屬以定議大事上聞小事則徑行書記官主譯文書通語言款賓客具草案或分

國或分事各專其責屬官承辦庶務凡朝會宴饗外務大臣在鄰國公使之上公使入國先謁外務大臣示以國書稿而後覲見有事則折簡約公使會商於本省亦有遣書記官與使館書記官議商具草後定之者而凡鄰國領事蒞任公使具其姓名告之大臣外務省假以文憑曰認可狀得

狀乃視事領事踰法度者大臣得以其罪狀
達其國外務請撤之歸凡地方官與他國領
事交涉財產屬之府縣官鬥爭屬之警視局
訟獄屬之裁判所課稅屬之稅關長然皆隷
於外務省若兩國爭執以其事申之外務省
大臣告之公使而會議焉凡國中律令格式

宣告於四方者亦達之公使凡鄰國大賓來則設領客使接伴掛以周旋之凡駐外公使領事皆受外務大臣指揮公使領事旬月必有報書記官譯而編錄之使周知他國之政治風俗特命全權公使主修鄰好覘國勢變商旅所駐之國條約內事皆任其全權而事

仍隸於外務省若國家大事則受外務大臣
指揮而後行凡彼國有事必報達外務辦理
公使（官職小者）差代理公使（公使歸國以書記官代理者）任事
同而職少殺惟因事派遣授以全權者受命
而出事得專行凡特命全權公使多以二等
官充拜命則解本官歸國若不授別官仍隸

於外務省在任無定期

十二日

上午上海總領事小田切萬壽之助外務省公使館二等書記楢原陳政來見述前任總理大臣侯爵伊藤博文約下午三鐘會晤於酒店樓上屆時小田切萬壽之助爲之繙譯健談至七

鐘一刻始散旋往答拜伊藤侯並拜警保局長

安樂兼道

十三日

上午十二鐘上海總領事小田切萬壽之助外

務省繙譯官小林光太郎三井分行御幡雅文

偕赴三井銀行查考該銀行規制又查看三井

綢緞莊及現造鐵行工程並銀行抵押貨物倉庫

按三井銀號創始在延寶年間中國康熙初年當時日本閉關謝客商務未興無人知有銀號滙兑之法惟三井宗族創銀號於江戶今改東京及大阪之三府資本殷實名譽均然明治維新

後新定銀行律例遂遵章改兩替店滙兌銀號而為銀行並參酌西法以變通盡善迨政府重訂商法律專為保護商民一切營運產業該銀行復遵新律推廣經營以裨商政而益國課而三井銀行遂為國內最大銀行中之一其東主為男爵三井八郎右衛門三井元之

助三井高保三井八郎次郎三井守之助而三井高保現充銀行總董之職總理事為中上川彥次郎幫辦行務其抵押貨物倉庫東京之外大阪横濵神戶馬關各埠均有一律西式建造極為堅固云三井氏於銀行外尚有經商各種事業曰三井物產公司開創二十餘年

專經營內外通商事務總行在東京枝行分設國內屬地並分駐外國倫敦紐約孟買星
嘉坡香港以及上海天津東亞各埠總董為三井元之助總理事為益田孝曰三
井礦務局專辦五金煤礦事務其辦有成效者則以三池煤礦為最著云總董
為三井三郎助曰三井綢緞莊一號越後屋已設二百餘年專售各式綢
緞綿布足頭總董為三井源右衛門曰三井地段局專管三井家屬之地
業國內各府縣地段甚多總董為三井復太郎三井工務局專督辦三井氏

屬之紡絲及製造機器等事務總董督理為三井武之助幫辦為朝吹英二其工廠曰芝
浦工作廠曰新町紡絲廠曰前橋紡絲廠曰富岡紡絲廠曰名古屋紡絲廠曰三重紡絲廠曰
廠曰大紡絲廠嶹現又改造鐵行工程已閱三年再
逾兩年而始成全用鐵質工費浩繁擬將各
業辦事處歸併一起以期氣脈相通而收妥
捷之益

十四日

赴中國使館與公使李盛鐸商議一切事宜

十五日

上午十一鐘偕上海總領事小田切萬壽之助

往拜內閣總理大臣山縣有朋侯爵下午外務

省次官高平小五郎特命全權公使兼外務省

參與官赤羽四郎外務省政務局長内田康哉
外務省通商局長杉村濬外務省書記官兼外
務大臣秘書官加藤恒忠三橋信方外務省書
記官大前退藏外務省秘書官畑良太郎吉田
要作書記兼繙譯官小林光太郎上海總領事
小田切萬壽之助公讌於芝園紅葉館同座者

為中國公使李盛鐸使館繙譯官羅庚齡馮國
勳
十六日
正午上海總領事小田切萬壽之助來告外務
大臣奏准本月十九日上午十鐘三十分覲見
十七日

上午十鐘上海總領事小田切萬壽之助來鈔
取頌詞稿送外務省與宮內省酌定覲見禮節
十二鐘三井會社派員來約偕外務省繙譯官
小林光太郎大阪分行御幡雅文同乘上野附
火輪車至王子地方察看會社機器造紙所又
至印刷局機器抄紙所其規模較會社尤覺整

齊機器四座約用男女工一千餘人開辦在明治七年官本百餘萬每年可得一成之利凡金銀幣紙官用簿紙皆由該局承造局中分製藥造紙兩科凡造紙須先以藥製紙料藥以苛性曹達及洒粉為主有製造硫酸器煎熬硫酸室造石灰竈六座又有硫酸食鹽鹽酸尾斯（譯作鹽酸）

氣極熱入水稍涼製石灰必用此物造紙之法以第二酸化滿加藥名及格魯兒加兒藥名即苛性曹達融化未成紙之質以硭硝石火灰燒成黑灰用黑灰造苛性曹達煮紙之原質再用洒粉煮二次即成白色矣以破布洗淨加藥水入大鍋煮之即化成紙料大鍋共有八個煮紙料時熱踰

百沸湯不能近視總辦出製成暗花紙樣各色各種相示畫繪與製造俱成兩絶歐洲不如鄂省曾定造紙幣一百萬圓業已繪樣開造隨後復察看會社製造綿絲綢絲毛絲機器所專仿西式衣袴巾襪美商多購運至中國口岸易西洋牌子以愚華人利其價廉而神似也

十八日
上午七鐘上海總領事小田切萬壽之助來約同往拜宮内大臣子爵田中光顯司法大臣清浦奎吾午刻外務書記官楢原陳政來告明日上午十鐘三十分覲見外務省派充繙譯

十九日

上午七鐘外務省繙譯官小林光太郎三井分
行御幡雅文來寓後外務省遣雙馬官車來迎
由櫻田門至皇宮門首駐東中國公使李盛鐸
偕往沿途警察員宮內外近衛兵官均額手致
禮入宮經長廊十餘折至一殿宇由式部大臣
三宮男爵延入坐告以覲見禮節旋引至偏殿

上設御座須臾
日皇出佩刀御中等禮服免冠立御座前侍從大臣
德大寺實則侯爵醫執事各官皆免冠鞠躬依
序立外務省繙譯官楢原陳政先趨侍御座右
式部大臣前引學諭等依次入三鞠躬至御前
寒暄數語即宣頌詞

伯皇亦即答詞如儀均由楠原陳政繙譯禮畢三鞠
躬退出式部大臣侍從大臣均送至殿廊轉角
握手為別宮内省次官川口武定男爵送出宮
門上海總領事小田切萬壽之助復同往拜農
商部大臣曾禰荒助論及中日商務承許如有
考查本國商務事件可以隨時諮詢所轄之農

務局蠶絲局商品陳列館俱可隨時往閱請將
農商務省沿革章程見贈允以將來檢齊交小
田切萬壽之助轉致曾禰大臣旋遣秘書官杉
竹三郎持刺來答拜亞東同文會員宗方小太
郎函告子爵長岡護美宮中顧問官陸軍少將
佐藤政紡明日十鐘來拜下午一鐘偕外務省

繙譯官小林光太郎往拜式部長三宮大臣侍
從大臣德大寺實則侯爵日本國家銀行總裁
山本達雄三井銀行總辦中上川彥次郎幫辦
波多野承五郎東洋滊船會社督辦淺野總一
郎三菱會社總辦豐川良平幫辦瓜生震
按農商務省設大臣一員次官一員秘書官

參事官奏任判任官視各部置農務局掌農事蠶絲製茶畜產家畜衛生狩獵水產各事務商工局掌商工度量衡及商業會社事務山林局掌官家商家森林原野事務鑛山局掌鑛業事務特許局掌工商創造領牌專利事務又有地質調查所掌分析地形地質土

性事務商品陳列館掌陳列内外商品參考

製造事務

二十日

上午七鐘式部長男爵三宫大臣來寓答拜八

鐘偕上海總領事小田切萬壽之助往拜郵船

會社督辦近藤廉平三菱會社主人男爵岩崎

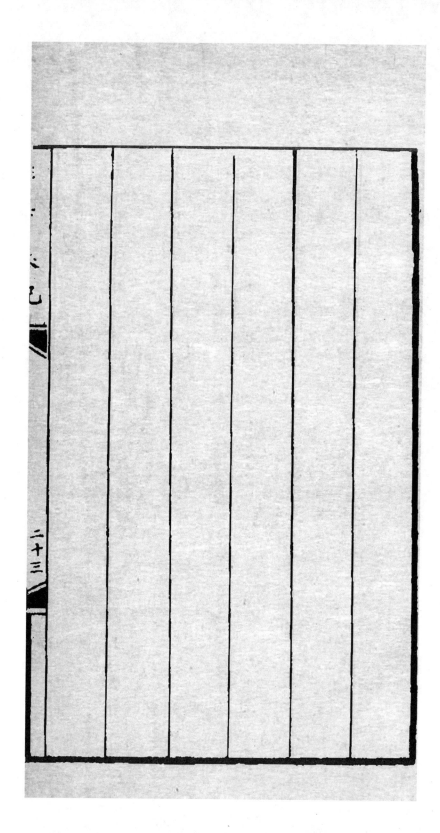

大倉喜八郎均商業會議所副會頭淺野總一郎東洋汽船會社
社長相馬永印横濱正金銀行頭取三崎龜之助正金銀行支配人
添田壽一台灣銀行頭取豐川良平瓜生震均三菱會社支配人
中上川彦次郎波多野承五郎均三井銀行專務理事朝
吹英二高橋義雄均三井綢緞莊專務理事益田孝上田安
三郎均三井物產會社專務理事三枝光太郎台灣協會幹事岩永

省一日本郵船會社陪讌者為外務次官高平小五郎
外務省政務局長內田康哉外務省通商局長
杉村濬外務省書記官三橋信方加藤恒忠公
使館書記官楢原陳政外務省繙譯官小林光
太郎大阪三井分行御幡雅文上海總領事小
田切萬壽之助入座後澁澤榮一起而言曰今

日東京衆商設讌荷兩公不棄來與斯會不勝欣幸澁澤榮一謹代衆商前席陳詞伏望鑒而納之敝國方里狹隘物產不多商務本不足觀然自我國維新以後君臣上下咸曉然富國必以振興商務為本極力經營今日始畧有進步貴國幅帽廣戶口繁出產多商人又能耐勞苦

若再講求進步實環地球商務不能望其肩背獨惜我兩國雖同洲咫尺而彼此商人未能聯絡利權坐失實屬可惜其故皆由兩國商人為一己之私利未謀大局之公益步步轉落人後貴國亦嘗派員東渡然皆為兩國交涉而來從未有考查我國商務之舉今兩公奉命遠來且

有聯絡兩國商務盛意是誠千載一時機會故我舉國商人雲起雷動歡忻鼓舞亦為向所未有伏望兩公此行多為查攷歸國之日實力提倡是我舉國商人所跂望也語畢御幡雅文繙譯華語相告合座復為鼓掌學詢即起而答曰某等猥以不才膺考查商務之任承貴國諸君

子之愛所至無不殷殷以興亞開誠見告今日
又蒙諸君子勝會相招不勝感紉具何以感紉
之故誠以日本鉅商俱會萃於東京而諸君子
又為貿易會中之領袖茲獲與諸君子聚會即
與貴國閩境諸商聚會無異且將來中日兩國
商務聯絡振興即可以諸君子今茲聚會為基

礎況兩國近在同洲有輔車相依之勢國家富
強之基本於商務若乘此兩國和好之會彼此
認真聯絡毋詐毋虞則商務之盛可計日而待
惟查我兩國近年商務尚不無遺憾去年各國
在中國商務有三億萬六千八百六十餘萬兩
之多而中日兩國商務不過有四千三百四十

餘萬兩以兩國交易最稱利便而商務止有此數又查去年各國商船由外國進口向外國出口載有貨物九百八十二萬噸而日本商船只佔八十四萬噸又查各國商船在中國江海各口岸來往載有貨物二千四百三十萬噸而日本商船只佔七十萬噸以兩國海程至為近便

而商船来往人止有此數故鄙意尤願貴國與
中國極力講求中日各商亦須認真聯絡挽回
亞洲利權方為登高造極至於如何聯絡如何
振興諸君子智珠在握必能先得我心也小田
切萬壽之助為操東語譯述合座亦鼓掌稱善

二十一日

上午十一鐘上海總領事小田切萬壽之助中
國公使李盛鐸來同赴總理大臣山縣有朋侯
爵目白邸宅之約同座爲外務省大臣青木周
藏農商務省大臣曾禰荒助高平次官內田政
務局長加藤秘書官三橋秘書官吉田秘書官
席散移坐於椿山莊樹林陰翳如置身深山悠

然意遠山縣侯爵復自導登山巔憩於松下小亭侯爵以武功起家昔年征內亂時戰於松林鎗彈中林木如蜂房蟻穴殊惡戰也事平伐其木歸結此亭以記其事午後四鐘歸寓中國公使李盛鐸以覲見事畢囑移駐中國使館為便遂從之

二十二日

午刻外務省繙譯小林光太郎三井分行御幡雅文上海總領事小田切萬壽之助來偕往拜謁內務大臣侯爵西鄉從道下午六鐘同中國公使李盛鐸繙譯官羅庚齡上海總領事小田切萬壽之助外務省繙譯官小林光太郎往上

二番町十五番赴外務省大臣青木周藏子爵之宴同座為高平次官內田政務局長吉田秘書官先茶話刻許導觀後圃三百餘年古樹叢陰匝地頗有山深林密之象宴罷移榻草坪園坐納涼與論亞洲時局甚詳至十二鐘始歸

二十三日

上午十一鐘偕三井分行御幡雅文外務省繙譯官小林光太郎往查芝區勸工場地廣數十畝上覆屋瓦下層析如廊凡有新奇器具者許於此設肆交易價皆劃一雖使五尺童子適市莫之或欺每物一種列為一肆如金銀銅錫鐵器竹木器磁瓦器髹漆器各從其類每類數十

家非物之佳者不入場即入場亦無過而問者其設是場也欲使人各竭其智巧以爭勝所以獎其能而愧其不能意至深遠下午四鐘偕中國公使李盛鐸赴星岡茶寮公讌主人為長岡護美子爵清浦奎吾司法大臣榎本武揚樞密院顧問官子爵前海軍中將外務大臣駐北京全權公使佐藤政宮中顧問官陸軍少將岸田吟

香伊澤修二貴族院議員長谷場純孝村松愛三安
東俊明法學士國友重章田鍋安之助小川平吉
池邊吉太郎神鞭知常同座為上海總領事小
田切萬壽之助

二十四日

下午二鐘偕上海總領事小田切萬壽之助往

拜台灣銀行督辦添田壽一該銀行創辦僅數月添田由法學士出身精明而極誠懇先言本銀行設立之意再言銀行有益國家有裨商務並言日本從前未有銀行財政商政上下交困近日國家官商合力整頓交受其益力勸中國宜及早籌辦免利權全歸外人國家遇有大舉

動大兵役大工程全藉外人之財即授外人以柄未言中日及今聯絡雖屬遲誤尚有振興之機若有考查銀行事宜隨時諮詢願以實告洋洋洒洒數千百言觸有肺腑相示之意復拜晤相馬永胤橫濱正金銀行督辦高橋是清日本銀行副總裁是日內閣總理大臣元帥侯爵山縣有朋來館答拜

游歷日本考查商務日記下

賜同進士出身　特派專使日本考查商務花翎二品銜即選道臣劉學詢謹記

二十五日

上午十鐘三菱公司東主岩崎彌之助男爵來晤論及亞東時局甚形親愛當其國家維新時與三井曾毀家紓難故日本商務以兩家為巨

擘而國家亦極力保護之叔姪二人積有家資數千萬實為日本巨家十一鐘內務大臣西鄉從道侯爵來拜外務省繙譯官楢原陳政為之繙譯侯極誠篤為日本物望所歸一鐘偕外務省繙譯官小林光太郎三井分行御幡雅文往看商品陳列館規模新締隸農商務省館長佐

藤顯理導引查考器物百貨駢列比勸工場尤為精奇新巧隨往金杉橋查看三井會社所置芝浦工作廠製造輪船電燈水雷等屬總辦為斯波權太郎技師為工學士渡邊秀次郎

二十六日

恭值

萬壽
聖節在使館隨行朝賀禮上午八鐘偕上海總領事
小田切萬壽之助三井分行御幡雅文外務省
繙譯官小林光太郎至目黑查看惠比壽麥酒
會社晤總管製造事務高木貞幹董事三浦泰
輔總辦馬越公平周歷閱視自播麥起以迄成

酒裝瓶止逾四鐘久始閲竣該廠計有男女工三百二十六人規模極大製法精良成本八十一萬元凡六個月結帳一次上屆已獲二成五之利據云下屆酒可增至三萬五千石則獲利尤厚初日本通商後西洋入口麥酒銷售甚鉅歲輸金錢無算嗣鳩設公司自行仿造精愈求

精此時微特西洋麥酒不能行銷日本而日本麥酒轉可行銷於中國各口岸並漸推廣至南洋羣島其暢銷所由來製造精美酒與歐洲相等而價轉較歐洲為賤也馬越公平向在三井公司充幫辦之職上年始專理麥酒公司事因與詳論商務具有卓識隨至荏原郡大井村查

看後藤會社機器織毛製造所其社員為後藤恕作杉原榮三郎引視工廠詢悉成本共四十萬元為後藤一家之業每年得利約二成餘羊毛係購自天津及澳大利亞織成羽紗羽綢毡毯之屬俱與歐洲無異後藤又引至本廠製造洋毡機器所規模雖小所織皆粗用之物而價

值較歐洲尤廉國内所需無庸購諸他國亦塞

漏巵一法

二十七日

上午九鐘偕上海總領事小田切萬壽之助外

務省繙譯官小林光太郎三井分行御幡雅文

往印刷局查看局長得能通昌延入導赴印刷

排裝雕鏤畫繪電鍍各所逐一考視規模宏大
凡國家證券金銀鈔票印花郵片以及編輯官
書官報公用文冊悉歸該局承辦照市發賣紙
料則專取給於王子抄紙局而償其值下午三
鐘上海郵船會社總辦永井久一郎來見
按印刷局隸內閣總理大臣掌管設局長一

員係二等敕任官監督局中事務所屬職員
則有事務官一員係奏任官技師則有三十
六員技手四十五員係判任官

二十八日

上午七鐘後日本各部大臣各國公使來中國
使館祝

祗隨同公使李盛鐸出與周旋下午七鐘李盛鐸設讌使館約有上海總領事小田切萬壽之助外務省繙譯官小林光太郎三井分行御幡雅文

二十九日

上午九鐘偕上海總領事小田切萬壽之助外務省繙譯官小林光太郎詣司法省拜晤次官

波多野由次官引見控訴院院長判事春木義彰取司法省全圖出示先引至控訴院大堂是日適有堂事次官為設座堂後觀其審斷少頃出游控訴院各局所後至大審院院長判事男爵南部甕男出迎復導觀大審院各局所具規制大審院如中國之刑部大堂控訴院如中國

之刑部司堂凡訟案必先由地方裁判所審勘如未允服始至控訴院上告讞斷仍未協始上大審院而會審焉晚赴司法大臣清浦奎吾之約設宴於官房房與司法省毗連悉仿西式氣象宏敞清浦大臣御禮服佩寶星款洽甚歡

按日本刑政舊依唐律及王室衰微政在幕

府刑罰或輕或重惟長官之意數百年來專尚嚴酷竊盜誹謗罪均至死明治維新乃採用明律迭有增損著為新律綱領一書頒行國內八年五月改設大審院及諸裁判所釐定職務事務章程頒發控訴規則上告規則乃稍參西律十年二月又有更改自外交訂

約後泰西流寓商民均歸領事官管轄日本欲依通例改歸地方官而泰西各國僉謂日本法律不完其笞杖斬殺之刑不足以治外人日本政府遂一意改用西律數元老院依擬法國之律畧參本國規制纂定諸律曰治罪法曰刑法於十四年二月一律頒行

七月初一日

午後上海總領事小田切萬壽之助奉外務大臣青木子爵命來約六鐘同至邸宅夜談至一鐘始歸

初二日

外務省繙譯官小林光太郎三井分行御幡雅

文來酌定查看郊外各製造廠日期

初三日

下午兩鐘偕外務省繙譯官小林光太郎三井分行御幡雅文覆看商品陳列館其館長佐藤顯理逐細引看陳列本國製造綿織物絲織物絲綿交織物衣服巾扇陶品磁品七寶器漆器

竹器銅器鏸器紙器以及絲繭茶菸五金鑛質山林材木之屬貴值千百賤值毫釐別類分門各注工商姓名價值於其下非僅有以激勸工商抑且藉以維持商務法至善也閱畢與館長詳論中日工商得失亦謂尚宜變通盡善以求兩國裨益

初四日

下午四鐘上海郵船會社總辦永井久一郎来約讌集不忍池湖亭又名小西湖四面荷花一堤楊柳夕陽初下雨送秋來風景殊勝日本詩人森泰槐南以詩見贈曰瑶龕若木拂枝迴盡道人從北闕來鷄首雲低連渤澥龍鱗日麗謁

蓬萊結歡自仗同文誼壽國齊須借著才一笑
樓蘭誇電速看朱成碧漫相猜學論步韻和之
日不忍池頭綠水迴荷香著雨趁風來文章兩
國開壇坫事業千秋出草萊人許相如初奉詔
世無賜也敢言才傳杯拚醉葡萄酒一任弓蛇
影誤猜禾原復投以詩學論亦次韻作答曰六

合何殊一比鄰同洲今日更相親晉唐遺俗衣
冠古李杜清才詞賦新載酒客來壺嶠地看花
人憶海天春風霜暗換征袍色羞對池荷綠點
塵酬酢甚歡十鐘始散

初五日

上午七鐘偕外務省繙譯官小林光太郎三井

分行御幡雅文上海總領事小田切萬壽之助
赴東京府南葛飾郡吾嬬村查看莫斯林毛織
會社總辦端善次郎迎往各機器廠閱視有陡
絨室彈羊毛室極熱上顏色室洗羊毛室織絨
室均置有電燈晝夜分班工作其羊毛多購自
天津及澳斯福利亞兩地廠中所設蒸乾絨器

乾羊毛器縮絨器起毛器紡毛器經線器整經器用風力乾線器刷絨器剪縱絨器發彩器剪經面器磨搓器男女工共一千五百人章程則有職工規則寄宿舍規則並設有醫院以療本廠病人飯鍋水鑊大可數圍繞以滊管歷三十分鐘而千五百人之炊已熟誠大觀也查其股

本共一百萬元開辦僅一年（明治三十一年七月一日設）上半年結帳已盈餘四萬九千九百元有奇端善次郎言從前每年法國運入各色洋布有四百餘萬自開辦半年後入口已少一百六十餘萬然所需羊毛仍須購自他國每年輸出約値百萬實收回利權六十餘萬將來尚擬設法挽回

裕商即以保國持論正大尤足令人起敬午後

再往田村查看鐘淵紡績會社其鍋爐機器與

上海紗廠同廠有四萬錠子男女工計一千八

百人新舊兩局併而爲一舊局已設有十二年

新局亦辦有六年股本共二百五十萬總辦爲

和田豐次歸途道出想塢訪榎本武揚子爵不

十三

遇順游新草園園在墨沱之濱種有梅花百樹
主人歡迎出字畫數卷品評藉以小憩片刻

初六日

上午八鐘商品陳列館長佐藤顯理來見去後
偕上海總領事小田切萬壽之助往拜陸軍大
臣桂太郎子爵談甚久並云所管陸軍處所均

可知照查看出科參謀本部總長未值次長中將男爵大迫尚敏第二步長步兵大佐福島安正談逾時始別

按日本舊有海陸軍事務科明治元年二月置督主之旋改軍防事務科置督輔四月廢改置軍務官置知事副知事二年七月廢改

置兵部省置卿大輔五年二月廢始改置陸軍設大臣掌之官制視各部有總務局騎兵局礮兵局工兵局會計局醫務局憲兵本部屯田兵本部礮兵方面東京礮兵工廠大阪礮兵工廠工兵方面近衛監督部各鎮台監督部參謀本部皆隸焉

初七日

上午九鐘外務省繙譯官小林光太郎來偕訪郵船會社社長近藤廉平茶話之外有上海郵船會社總辦永井久一郎在座導游新築園林移時入座縱談兩國商務甚久下午歸駐橫濱中國總領事官鄒振清來見新草園主人持絹

幅索書勉以應之

初八日

上午九鐘上海總領事小田切萬壽之助三井分行御幡雅文來告商品陳列館佐藤館長約往看七寶器皿皆著名匠手一用日本舊法一用新法一參用中國法而變通之鬼斧神工各

決勝場

初九日

上午九鐘偕上海總領事小田切萬壽之助三井分行御幡雅文查看日本銀行總裁山本達雄延入一廳事告以本國初無銀行明治五年官定國立銀行條例九年復增損之商家於是爭

相開設多至百五十餘家然散處四隅未能互
相聯絡貨幣不獲流通時形壅滯政府迺仿泰
西各國之制官商合貲設立日本銀行於東京
令各銀行悉屬之提綱絜領彼此挹注商賈稱
便十餘年來商業振興實基於此而國家賦稅
整頓公債軍務公債一切度支均歸本銀行同

其出納大藏省專主會計而已本銀行創於明治十五年官商資本金先後增至三千萬元分十五萬股按三十一年營業報告而論取引（譯言）駮總高金九十億千九百三十三萬二百三十一元六十六錢一收納（譯言存款）高金四十五億九百四十七萬四千四百四十八元九十八錢四厘仕

拂譯言放出高金四十五億九百八十五萬六千百八十二元六十七錢六厘現在譯言現存金六千六百七十八萬七千九百三十四元六十一錢九厘利益譯言餘利金一千二十六萬六千百七十三元三十四錢七厘深望中國及早開辦實於國計商務有裨。語訖。派員。導觀各辦事所分官事

商事為兩科各有專司不相淆雜規制井然復
引觀地庫周圍砌壁以石地鑲小鐵軌便於運
送並設有發電機器燃燈送風皆由電機發動
雖在地室中無黑暗潮濕之虞庫凡十有三庫
門置鎖鑰兩重外重有設一時表者某時啓庫
必用某鑰乃能啓之易他鑰不能啓也啓時內

有監掣外有護兵啓閉後封誌其上防弊之法
至嚴密矣是日盡啓諸庫逐一引看就金錢而
論庫存六千七百餘萬據云合分行庫儲共存
一萬三千餘萬鈔票即依此數行用旋出庫外
查看四圍周以水渠寬僅數尺而深逾尋丈過
不測則開機器引水灌渠使庫究在水中莫之

能為閱畢復返廳事總裁已檢取上年日本銀行報告書條例書整理公債取調查譯考言書軍事公債取調書分贈尚有秘密章程允以鈔送詢其築造銀行工本約一百五十餘萬亦鉅觀矣

晚赴永坂周二之約永坂精西醫能詩工書畫日本知名士也酒後詩以贈之讀畫聽香自古

今依然城市亦山林移家爲愛詩人宅濟世應
同良相心好客郁超多秀美憂時杜甫且長吟
憐余來艾三年、志欲起瘖痍歎病深

初十日

天氣炎熱如酷暑不能出門

十一日

熱尤甚午後上海總領事小田切萬壽之助來
與之商議還請日本官商公讌事

十二日

上午九鐘偕三井分行御幡雅文至横濱拜中
華會館商董鮑焜盧耀庭羅和聲羅廷琛譚輝
垣張汝果孔雲生曾卓軒袁淦與談商務論及

時局曉以忠義各皆激發隨往晤駐橫濱中國
總領事官鄒振清詳詢本埠商情

十三日

上午十一鐘中華會館衆商董設讌相招赴之
下午三鐘回東京六鐘貿易協會議員公讌於
紅葉館主人為池田謙三東京第百銀行支配人大谷嘉

兵衛橫濱茶商岩谷鷹藏東京府烟草雜貨商岩永省一日本郵船

會社今村清之助東京今村銀行頭取長谷川武次郎東京歐文

書籍商羽田如雲東京西洋酒食料品海菜商服部金太郎東京

時計商服部鎮三郎東京販運鐵軌附屬諸機械商林忠正東京巴黎

博覽會事務官西川忠亮東京手漉白紙販賣業商堀越善重郎東京

海外直輸出商大塚琢造東京海外直輸出入商大橋新太郎東京

二十一

博文館主氏斯式會社專務取締役大倉喜八郎大倉組頭取米井源

治郎磯野商會員高橋是清正金銀行副頭取周田孝吉第十

五銀行頭取祖山鐘三高等商業學校教授土田政次郎日本製藥

合資會社鶴原定吉日本銀行員永富雄吉日本郵船株式會社支配

人鹿島萬兵衛上海英租界鹿島洋行主野中萬助海運業及貿易

商隈本榮一郎美國石油諸機械油蠟商福原有信資生堂藥舖帝

國生命保險會社長深澤正三郎貿易商小林義雄歐風室內裝飾師小林大次郎三木商店員森島清一海外直輸出入商小島龜吉貿易商近藤賤男日本輸出入會社主任近藤輔宗貿易商後藤恕作日本毛布製造會社取締役惠藤卯三郎相小間物商榎本重美燐寸製造業阿部孝助東京銀行取締役淺野總一郎東洋汽船株式會社長淺沼藤吉寫真器械石版器械製造

販賣業 淺井半七 銅鐵商 松下與三郎 輸入貿易商 佐藤三次郎 雜業 佐野令三 直輸出入商 木村騰 烟草商 宮部久 東京製絨株式會社長 宮部敬功 東京製絨株式會社支配人 森村市左衛門 日本銀行監事直輸出入商 諸葛小彌太 森村銀行支配人 鈴木倍次郎 舶來織物直輸出入商 杉木鶴五郎 西洋食料品商 緒明榮三郎 造船業 鈴木恒吉 洋酒商 馬越公平

東京麥酒株式會社事務取締役岡田來吉洋紙商廣瀨源三郎

貿易商十文字信介日本農事雜報社主小松久吉織物輸入商

世繼富五郎鼈甲問屋大高政兵工船具問屋井上敢次

郎銅鐵引取商服部敢三井物產會社倉庫内開通合名會社員大谷幸

兵衛茶商落合留次郎漆器品商織田甚三陶磁器商高木

三郎同伸株式會社員田原榮漆器製造業村松武一郎會社

員山田捜春美術品商松村青吉海外直輸出入商增田增

藏砂糖商小林助桂藥種商淺岡岩太郎亞細亞貿易會社員

宮川香山陶磁器製造業樵野正兵衛絹物商廣瀨金七

茶商森謙吉第七十四國立銀行員鈴木行吉絹物商鈴木盡

介絹物商陪讌者爲外務次官參與官秘書官書

記官及上海總領事小田切萬壽之助

十四日

天氣大熱如中國三伏時午刻上海總領事小田切萬壽之助外務省繙譯官小林光太郎三井分行御幡雅文來料理邀客東交郵局分遞

十五日

上午九鐘中國公使李盛鐸入山避暑學諭亦

有查看足尾銅鑛之約遂偕至上野乘火輪車
歷三百餘中里十二鐘到日光山假金谷酒店
一宿上海總領事小田切萬壽之助外務省繙
譯官小林光太郎三井分行御幡雅文亦先後
來止

十六日

上午十鐘坐人力車入山下午三鐘住中禪寺外湖邊望湖樓風景約畧與西湖相似

十七日

早起寒甚大有秋意上午八鐘乘肩輿過阿嚴瀧茶亭觀磁鑛石寶篋印塔下午四鐘至足尾山谷口銅山鑛總辦已派清田立木二員迎於

鐵道馬車站易車行逾二鐘入古河銅鑛局總
工程師狐崎出迎導觀各處由洞口起首為分
礦質機器所次為淘汰礦質機器所又次為轉
運礦質機器所又次為鎔煉礦質機器所末至
範成銅磚所止九鐘復乘馬車宿於足尾町鵜
屋清田立木諸君設筵款待宴罷研墨就席索

書而去

十八日

上午七鐘總工程師振崎来同閱所築水池工程糜款百餘萬先是近山居民以古河採挖銅鑛山水為之渾濁且含毒質不能食往愬於農商務省官乃飭令古河築濾水池濾其渣滓水

清與山泉無異衆始悅服旋往拜總辦近藤陸
三郎論礦務甚詳人極誠懇挽留再三力辭乃
已親送至車站並派立木進出谷口乃別去二
鐘三刻出青瀧回日光仍假館金谷酒店上海
總領事小田切萬壽之助先歸
按足尾銅山礦在栃木縣下野國上都賀郡

足尾町故名足尾銅山距東京四十東里自海面高起四千四百尺該礦開挖設廠之處在高二千五百八十尺地方現開五洞曰本口坑有木坑新口出合坑大通洞坑小瀧坑計有九十八所礦内採挖夫有二千九百二十人其餘搬運燒鍊土木工匠管理機器倉

庫山林薪炭醫藥自總辦及諸執役總計有
一萬零九百二十五人之多內選鑛導火兼
用女工四百餘人其作工之法每晝夜分三
班每班作工八點鐘每人每日可挖鑛質二
百五十斤至三百十二斤查明治二十九年
分帳目該鑛全年出過鍊淨銅斤九百八十

九萬四千三百四十九斤每日匀算可得淨
銅二萬七千五百餘斤洞内鐵路長十四萬
一千五百三十八尺洞外鐵路長三萬一千
六百二十一尺馬車鐵路尚不在内洞内電
氣起重機每舉一次上下五百尺每次可運
兩礦重每二分鐘時可運一次電氣抽水機

每次上下三百尺每抽一次去水二噸重每二分三十秒時可抽一次實屬異常便捷其廠所設在山半所有至平地上下運料皆用鐵軌鐵索運轉譯言絲路挂計長九萬三千三百八十四尺馮力一百六十五匹每晝夜可運七萬七千四百二十貫目每貫目合中量百兩約合四

十五萬餘斤該鑛於二百八十五年前始行
查得向由幕府派人辦理明治歸政後四年
改歸民辦十一年始由現在礦商古河市兵
緯辦理焉
十九日
正午偕外務省繙譯官小林光太郎三井分行

御幡雅文附輪車回東京夜七鐘過上野就食
於梅川酒肆九鐘抵使館
二十日
上午偕三井分行御幡雅文往訪商品陳列館
長佐藤顯理三井綢莊幫辦高橋義雄
二十一日

上午九鐘偕上海總領事小田切萬壽之助外務省繙譯官小林光太郎往關陸軍省東京礮兵工廠參謀本部步兵大佐已先派陸兵大尉田中新助候於礮外延入與提理陸軍少將楠井重壽副提理陸軍礮兵少佐野村茂樹相晤旋派陸軍大尉小林錦八郎前導參觀礮內小

銃製造所銃包製造所礮具製造所火藥製造所每所又分工程數處各從其剏由初造以底於成復至試銃所觀試新銃名三十二年式者機括靈便每十四杪連發五響遠及四千尺彈力較毛瑟鎗更遠且大後引至山隈觀試驗電機燃藥之法先植大木於百步外藏以炸藥引

電綫於山隈一撥機但聞聲如巨霆大木已成粉碎閱畢小林大尉導游後樂園（園爲明季朱舜水手剏）水木明瑟頗有南中風景入池亭小憩訖次詣悉現用工匠六千餘人彼常日可造馬步銃各五百桿若軍務緊急加工程造則日出馬步銃各五千桿成本每桿需銀十四元彈藥每千需

銀三十元再閱兩年所造馬步銃足敷舉國豫備後備各兵之用下午四鐘上海總領事小田切萬壽之助後來約赴澁澤別墅品茶之約藉談商務至則商業會議所督辦澁澤榮一與東洋滊船株式會社長淺野總一郎同作主人暢談至十二鐘始歸

按礮兵工廠分設於東京大阪而均隸陸軍省專製陸軍所需兵械彈藥及海軍所需火藥而設東京總工廠則有小銃製造所銃包製造所礮具製造所目黑火藥製造所板橋火藥製造所岩鼻火藥製造所大阪總工廠則有火礮製造所礮架製造所彈丸製造所

火具製造所宇治火藥製造所此外則就各礮兵駐紮處所另設分廠以備修理經費取給於總廠而就近歸各該處礮兵隊長管理

總廠內執事人員有提理礮兵大中佐充之副提理礮兵少佐充之檢查官礮兵少佐中尉充之大製造所長礮兵少佐大尉充之所員礮兵大中尉充之軍醫軍夫技師各名目

致日本軍備初用來福鎗至明治九年十月
近衛鎮臺始改用士乃得鎗亦有改用馬梯
呢鎗者十年二月廢來福鎗中閒以操演供軍礮兼
用克虜伯及阿姆斯脫郎布魯曼士是時工
廠未能製大礮僅能造馬梯呢士乃得各鎗
有礮兵大佐村田以新法製銃經礮兵會議

所議用名曰村田銃礮兵會議所始自九年七月每年招集將佐會議兵器彈藥之式樣礮兵之規制議定乃行礮工廠中遂倣造之自後復精益求精現時所製銃曰三十二年式轉駕毛瑟鎗而上之然視初設廠時已七變其法矣

二十二日

上午九鐘出橫濱應粵商曾卓軒之招四鐘回東京易車往京橋區查看電話機器工廠主人為吉田正秀曾充電務總辦者引觀製造各所男女工三百餘人與西洋所製電話箱無異（即德律風）成本蛟廉主人復泛舟同至想島八百松酒樓在座者為外務書記官三橋信方上海總領

三十四

事小田切萬壽之助外務省繙譯官小林光太

郎酒關索書屏幅以誌歲月

二十三日

上午七鐘外務省派員賫送

日皇賜學詢勳二等瑞寶章一座謹領畢遂偕外務

省繙譯官小林光太郎往閱陸軍士官學校丞

則陸軍大尉田中新助在焉由其學校副官引閱各部生徒部凡三等第三部升至第一部分學術兩科以為考程各有等級第其深淺而受業焉凡在校沖肄業有定起居有時游息有所犯規者罰自暴自棄則禁錮之情重者更除其名所受之業教師必詳為講解舉城壘建築之法地勢測量之

法銃礮製造之法隊伍分合之法步伐整齊之法馬騎控御之法彈丸命中之法繪圖摹寫之法器用修理之法皆按圖註說以指示猶未盡者復分析其形模造其體揉紙摶泥或刻木或鎔蠟或鑄鐵以肖之務使生徒心目了然長其智慧又於野營演習時召之試練現有學校生

徒八百人朝鮮生徒已有入校者兩江兩湖去
年派出學徒聞尚未選入校内云下午六鐘假
座帝國大酒店還請日本各大臣藉伸報謝
二十四日
上午十鐘三井分行御幡雅文來告三井總行
知君等將歸國今日東主及各行督辦總辦齋

集三井銀行敘請下午過談屆時赴約至則該行主人男爵三井八郎右衛門督辦中上川彥次郎益田孝及各行總辦延入叙談良久訂以此會爲將來聯絡商務之基並欲挽留游覽三池煤礦許以到長崎有暇當繞道往否則俟諸異日歸館後上海總領事小田切萬壽之助復

來偕謁伊藤侯話別約鐘許始出即赴紅葉館還請日本各部次官局長書記官館長到者二十餘人

二十五日

上午十鐘上海總領事小田切萬壽之助來偕往外務省辭行適青木大臣避暑未歸晤次官

高平小五郎談甚久兼拜各局長書記繙譯等
官並往各大臣暨官紳士商家告別六鐘復在
紅葉館設讌邀請日本諸紳商而横濱中國各
商董亦來與宴中外歡聯誠盛會也是日子爵
長岡護美來以詩送別瀛島論交如此稀何堪
今日送征騑槎乘星使才難敵學究天人腕不

違萬里觀瀛勞遠涉九秋風物賦將歸圖經着

就綏邊略攜返嘉猷獻禁闈

二十六日

下午六鐘啟行回華中國公使李盛鐸相送至

新橋是日日本官紳士商來送者百數十人高

平次官至稍後匆匆數語而輪車已展發矣中

國使館繙譯官馮國勳外務省繙譯官小林光太郎三井分行御幡雅文均送至神戶上海總領事小田切萬壽之助送至中途別去八鐘道經横濱商董張汝果袁淦羅廷琛孔雲生等乘輪車出數里候於道左一握而別

二十七日

上午十一鐘直抵神戶三井分行高橋鈴大郎來見遂與外務省繙譯官小林光太郎三井分行御幡雅文就食於西常盤下午川崎船廠總辦松方幸次郎來具道伊父松方正義伯爵現任大藏省大臣以養病鄉居未得在東京把晤爲憾次郎現充神戶川崎製船所社長請翌日

蒞廠一閱製造工程則十分欣幸以其誠懇諾之五鐘登船

二十八日

上午七鐘大雨偕三井分行御幡雅文乘其公司小輪往川崎船廠總辦松方幸次郎導看製造工程規模與芝浦同九鐘歸次郎復送至船

上十二鐘外務省繙譯官小林光太郎三井分行御幡雅文與送行者均過小輪船往西行五鐘柁機壞停修逾三鐘之久

二十九日

上午八鐘船抵馬關三井分行井上泰三郵船會社甲藤求己各駛船來請登岸謝却之晚於

長崎已十一鐘矣

三十日

上午七鐘三井分行松尾長太郎鼓輪來接婉

辭下午五鐘復來握送駐長崎中國領事官張

桐華郵船會社總辦均來見六鐘三刻開行

八月初一日

天陰雨舟行微有搖盪

初二日

上午十一鐘入吳淞口十二鐘泊岸駐滬日本

代理總領事松村貞雄繙譯官船津辰一郎三

井洋行吳永壽來見遂登岸